Fatih Seyhanoglu

O Islão no sistema mundial moderno: Uma visão a partir de uma perspetiva lacaniana

Fatih Seyhanoglu

O Islão no sistema mundial moderno: Uma visão a partir de uma perspetiva lacaniana

Artigos sobre o Médio Oriente

ScienciaScripts

Imprint

Cover image: www.ingimage.com

This book is a translation from the original published under ISBN 978-3-659-78726-3.

Publisher:
Sciencia Scripts
is a trademark of
Dodo Books Indian Ocean Ltd. and OmniScriptum S.R.L publishing group

120 High Road, East Finchley, London, N2 9ED, United Kingdom
Str. Armeneasca 28/1, office 1, Chisinau MD-2012, Republic of Moldova, Europe
Printed at: see last page
ISBN: 978-620-7-88100-0

ÍNDICE DE CONTEÚDOS:

CAPÍTULO 1

O Islão no sistema mundial moderno: Uma visão a partir de uma perspetiva lacaniana[1]

O que aconteceu nos Estados Unidos em 11 de setembro de 2001 tem, sem dúvida, um grande significado para o sistema mundial. Foi o maior e mais invulgar ato terrorista alguma vez ocorrido na história moderna. O alvo não foram apenas pessoas inocentes, mas também os símbolos dos Estados Unidos e da civilização do mundo ocidental. Para além das questões comuns não resolvidas sobre o assunto, o significado simbólico do acontecimento deve ser analisado. As discussões sobre este infeliz acontecimento provocaram uma nova vaga de debates sobre o Islão e o papel dos muçulmanos no mundo. Considerando o recente acontecimento de uma perspetiva lacaniana, é evidente que o que ouvimos sobre os muçulmanos por parte de pessoas e líderes ocidentais não passa de uma representação de um mal-entendido historicamente enraizado sobre o Islão. Isso é normal. O que tem uma importância fundamental é a forma como o novo entendimento e a nova configuração que surgirão após o recente ataque terrorista à América vão percecionar o Islão e os muçulmanos. É evidente que a forma como o governo dos EUA lê este acontecimento terá, a longo prazo, um impacto na perceção mental americana do mundo muçulmano. Neste livro, depois de fazermos um breve relato histórico do mesmo debate, abordaremos a questão do Islão no sistema internacional. Qual é o papel do Islão no sistema mundial moderno? Além disso, qual é o significado de partilhar uma identidade muçulmana supranacional nesta era? Mais do que a utilização destas identidades pelos muçulmanos, qual é o significado das identidades muçulmanas para os ocidentais? Qual é a ligação, se é que existe, entre o terror e o Islão, tanto a nível teórico como prático? Será possível uma abordagem intertextualista que traga diferentes epistemologias para o terreno?

O peso da história

Os sentimentos e atitudes generalizados e firmemente anti-ocidentais têm sido uma caraterística distintiva de um bom número de islamistas desde há muito tempo. A

[1] Este artigo foi originalmente publicado em 2004.

história da perceção do Ocidente (e dos seus valores) e do Islão em campos opostos é suficientemente antiga para perder os seus vestígios no início da Idade Média. O legado desta longa experiência histórica tem sido um tipo específico de interpretação e imaginação históricas, que criou uma perceção a priori de dualidades como o Islão versus o Cristianismo e o Oriente versus o Ocidente. Esta imaginação e perceção mútuas foram consolidadas e reforçadas ao longo do tempo e conduziram, no sentido hegeliano, a uma ideia concreta que pode ser definida como uma barreira imaginária ou um preconceito em relação ao outro. Desde a entrada do Islão na política mundial, os frequentes momentos difíceis entre o Islão e o Ocidente serviram de pano de fundo e de prova para esta barreira imaginária e resultaram mesmo numa ideia fixa de que não é provável reconciliar os valores islâmicos e ocidentais.

Esta abordagem fixa tem sido redefinida e representada ao longo do tempo e tem sido re-fixada de cada vez, preservando a sua própria essência e núcleo. No decurso da história, esta abordagem foi representada após o fim da Guerra Fria. Desta vez, um discurso fortemente ocidental, que se esforça por se justificar a partir do pensamento iluminista, reconstruiu o antigo discurso e procurou a hegemonia sobre os "outros".[2] O novo discurso foi apresentado principalmente por um grupo de cientistas políticos e analistas de relações internacionais. As posições dos analistas variam consoante as suas visões do mundo, a interpretação dos acontecimentos e a sua distância em relação aos decisores - bem como as suas percepções dos interesses envolvidos, incluindo os seus próprios. Em nenhuma outra disciplina os analistas estão tão intimamente envolvidos com o Estado como nas relações internacionais. Uma componente frequentemente ignorada ou negligenciada das análises das relações internacionais é o papel dos analistas tanto na formulação de políticas como nas suas tentativas de legitimar ou deslegitimar certas políticas aos olhos dos decisores políticos e do público. Uma dimensão importante desta direção de investigação tem a ver com aquilo a que se chama "empreendedorismo político", que se tornou uma profissão especialmente

[2] O artigo de Samuel Huntington na Foreign Affairs, que considerou esta ameaça [islâmica] como um choque de civilizações, pode ser visto como o culminar literário desta mensagem." Ameer Ali, "Islamism: Emancipação, Protesto e Identidade", Journal of Muslim Minority Affairs, 20 (2000), 23.

visível entre a comunidade de decisores políticos de Washington, DC, incluindo institutos de investigação, lobbies de interesses especiais e grupos de reflexão. Estes analistas trabalham para reforçar e justificar determinados interesses e posições e, nalguns casos, para bloquear legislação considerada potencialmente prejudicial para os interesses em questão. Em alguns casos, chegam mesmo a entrar em polémica e a adotar atitudes hostis para com aqueles que favorecem ou representam interesses e posições diferentes. [3] Como sugere Khan, os entendimentos foucaltianos da relação entre poder e conhecimento são evidentes no processo de elaboração da política externa, dada a tradução do conhecimento em política externa.[4]

No nosso caso, "sugere-se a existência de uma linha de fratura entre as civilizações ocidental e islâmica que persiste há 1300 anos".[5] Nesta linha de lógica, Patrick Buchanan, por exemplo, escreve o seguinte: "Durante um milénio, a luta pelo destino da humanidade foi entre o cristianismo e o islamismo; no século XXI, pode voltar a ser assim".[6] Nas palavras de Yunas Samad, "a fobia islâmica, a categorização do Islão como homogéneo, separatista e inimigo natural do Ocidente, tornou-se mais aceitável e aumenta as suspeitas em relação às minorias muçulmanas".[7] Alguns lembram-se mesmo que foi um escritor espanhol que utilizou pela primeira vez o termo "guerra fria" (querrafria) para descrever o conflito entre o mundo cristão e o mundo muçulmano.[8] Os defensores da teia acima referida fazem também questão de afirmar que existe uma divisão identitária muito precisa entre muçulmanos e cristãos que pode facilmente abrigar as contra-percepções. Weede vai mesmo mais longe, argumentando que tanto os muçulmanos como os ocidentais estão conscientes da sua pertença civilizacional e que a semelhança intercivilizacional não significa muito para

---

[3] M. A. Muqtedar Khan. "Policy Entrepreneurs in Washington", Middle East Policy, 5 (1997).
[4] Khan, 27.
[5] Manus I. Midlarsky. "Democracy and Islam: Implications For Civilizational Conflict and The Democratic Peace", International Studies Quarterly, 42, (setembro, 1998) 487-489.
[6] Citado em Michael E. Salla, "Political Islam and the West: A New Cold War or Convergence", Third World Quarterly, 18 : 4(1997), 729-730.
[7] Ver Yunas Samad, "Editorial: Muslim Identities, Islam and Europe", Innovations: The European Journal of Social Sciences, 11 (1998), 373-374.
[8] Ibid.

proporcionar um diálogo entre civilizações. Por exemplo, na linha de pensamento de Weede, um ateu francês sente-se duvidosamente em casa com outros ateus na China e o mesmo é válido para as relações entre fundamentalistas muçulmanos e fundamentalistas protestantes americanos.[9]

Por outras palavras, o que enfrentamos são as velhas questões com respostas relativamente novas num contexto internacional alterado. Desta vez, o chamado mundo islâmico não está a dar bons sinais, tanto em termos de perspectivas ideacionais como de poder, e uma parte importante desse mundo islâmico cria uma imagem de estar a viver fora da história. No entanto, o mundo ocidental, sob vários aspectos, tem uma supremacia indiscutível sobre as outras sociedades e culturas. Neste ponto, pode ser interessante considerar a explicação alternativa de Fred Halliday para este tema. Ele salientou que: "O Islão não é agora o inimigo: O Islão não está a ameaçar conquistar grandes segmentos da sociedade da Europa Ocidental para a sua fé, como fez o comunismo, nem a polémica, na imprensa, nos meios de comunicação social ou em declarações políticas, é contra a fé islâmica. Não estão a sair livros que ponham em causa as afirmações de Maomé ou do Corão. O ataque agora não é contra o Islão como fé, mas contra os muçulmanos como povo, este último agrupando todos, especialmente os imigrantes, que podem ser abrangidos pelo termo... então o inimigo não é uma fé ou uma cultura, mas um povo. Por isso, o termo mais correto não é "islamofobia" mas "antimuçulmanismo".[10] De uma perspetiva otimista do mundo islâmico - em termos de rivalidade civilizacional -, há um longo caminho a percorrer para apanhar o Ocidente.

Da divisão "Dar al-harb / Dar al-Islam" para a divisão "Paz de Zona / Paz de Guerra

No entendimento islâmico clássico do mundo, a mensagem islâmica, tal como a outra tradição abraâmica, o cristianismo, não tem exclusão. A compreensão islâmica oferece

---

[9] Erich Weede. "Islam and the West: How Likely is a Clash of Civilizations? (1)", International Review of Sociology, 8 (1998), 13-14.

[10] Fred Halliday. "Islamophobia Reconsidered", Ethnic and Racial Studies, 22 (1999), 898.

intrinsecamente uma unidade sagrada, que é idealmente universal. Como afirma Nash-Marshall: "É uma unidade cuja intenção é incluir toda a gente. Uma unidade sagrada transcende tanto as fronteiras como as culturas."[11] Em paralelo com a referência citada, o Islão tem, desde o início, uma missão universal. No entanto, quando se trata de conduzir a diplomacia e as relações entre Estados, a doutrina islâmica clássica adopta uma divisão das terras do mundo.

Em termos teóricos, o pressuposto básico subjacente às relações internacionais no entendimento islâmico é o princípio de que a comunidade de crentes é o sujeito do sistema jurídico islâmico, enquanto todas as outras comunidades são os objectos. Também teoricamente, o objetivo último do Islão era estabelecer a paz no território submetido à ordem pública islâmica e alargar a área de validade dessa ordem a todo o mundo. Antes de o Islão poder alcançar este objetivo, teve de estabelecer relações com as outras comunidades. Seguiu-se a divisão do mundo em territórios: o primeiro, "o território do Islão" (dar al-Islam), que compreende as terras islâmicas e também os territórios não islâmicos mantidos sob soberania islâmica, por outras palavras, "todo o território em que prevalece a lei do Islão"[12] ; e o segundo, "o território da guerra" (dar al-harb), que permanece para além da comunidade política islâmica.

Esta dupla divisão é geralmente observada em várias obras sobre a Lei Islâmica das Nações. [13] No entanto, não se deve esquecer que ela não foi feita no Alcorão e na Sunnah. Foi feita pelos juristas-teólogos muçulmanos, tendo em conta as condições de mudança no processo histórico e a impossibilidade de universalizar a ordem islâmica. Esta divisão não significa necessariamente que os Estados muçulmanos e não muçulmanos estejam num estado de guerra permanente uns contra os outros, nem significa que não existam relações pacíficas. O Islão, tal como é, sempre estabeleceu acordos pacíficos com comunidades além-fronteiras, mesmo nos seus primeiros períodos, a paz é o estado normal das relações internacionais, de acordo com a teoria islâmica, e o fator mais importante para esta divisão pelos juristas muçulmanos são as

---

[11] Siobhan Nash-Marshall. "On the Fate of Nations", Logos, 4 (2001), 38.

[12] Enciclopédia do Islão, 1965:127.

[13] Ver, por exemplo, Khadduri, 1966:10-12; 1965:25-26.

condições políticas e a conceção dos assuntos internacionais do seu tempo. Consequentemente, fizeram esta divisão com o objetivo de determinar a soberania e as fronteiras do território islâmico.[14] Em conclusão, a evolução da territorialidade islâmica é, por assim dizer, uma função das circunstâncias históricas. Por conseguinte, o Dar al-Islam não é... inerentemente um conceito territorial. Pelo contrário, é uma construção jurídica que tem uma dimensão territorial: uma expressão territorial da umma que, por sua vez, tem uma componente política. Assim, o dar al-Islam pode ser considerado uma expressão político-territorial da comunidade em que a religião islâmica é praticada e onde é protegida por um governante muçulmano.[15]

Os dhimmis (não muçulmanos que aceitam a hegemonia do Islão) estão sob proteção total. As afirmações do Profeta Maomé (hadith) sobre os dhimmis são importantes. "Quem magoa um dhimmi, magoa-me a mim; e quem me magoa a mim, magoa Alá." Noutro hadith ele disse que: "Quem magoar um dhimmi, eu serei o seu queixoso, e para quem quer que eu seja um queixoso, eu pedirei o seu direito no Dia da Ressurreição."[16]

Uma vez que a principal causa da guerra é a própria guerra, no Islão, sempre que for possível chegar a soluções pacíficas e mutuamente acordadas com os outros, será preferível. Assim, alguns juristas muçulmanos conceberam uma terceira e temporária divisão do mundo, designada por dar al-sulh ou dar al-ahd. Esta divisão dá um reconhecimento qualificado às comunidades não islâmicas, se estas estabelecerem relações com os muçulmanos em condições acordadas entre as duas partes. No entanto, alguns juristas muçulmanos da escola Hanafi não reconheceram esta terceira divisão, defendendo que, se os habitantes de um território concluíssem um tratado de paz (e pagassem um tributo), esse território deveria passar a fazer parte do dar al-Islam. Os juristas Hanafi, por outro lado, dividiram os países não muçulmanos que mantinham relações contratuais com os muçulmanos em dois grupos - de acordo com a natureza do tratado celebrado com eles: (1) dar al-dhimmah: tipo de país com o qual foi

---

[14] Para mais pormenores, ver Ozel, 1982:78-82); Abu Zahra, 1964:277-278; Parvin e Sommer, 1980:10 14.

[15] Parvin e Sommer, 1980: 4-5.

[16] Abdur Rahman I. Doi. Shari'ah: A Lei Islâmica (A. S. Noordeen: Kuala Lumpur; 1990), 430.

celebrado um acordo de carácter permanente e cujos habitantes eram chamados ahl al-dhimmah.

Este, que alguns também designaram por dar al- silm, devia ser protegido contra o inimigo, sendo considerado como parte do dar al-Islam. (2) dar al- muwada'ah: país não muçulmano com o qual foi celebrado um acordo com base no qual as regras islâmicas não seriam aplicadas ao seu povo, embora a vida e os bens do seu povo devessem ser garantidos por este acordo. Este país, também designado por dar al-aman, continua a ser considerado como parte de dar al-harb.

Embora pareça ser uma classificação puramente religiosa, não é o caso. Em tempos, esta distinção representou a força dos Estados islâmicos em épocas anteriores. No entanto, após a dissolução dos impérios islâmicos, o significado desta distinção desapareceu.

Num longo processo histórico, desde a Reconquista de Espanha até à dissolução do Império Otomano e à era do colonialismo, as nações muçulmanas perderam a sua anterior influência na política mundial. Com o aparecimento das potências ocidentais, desta vez foram as potências ocidentais que moldaram a política mundial. Desde o século XVII que a famosa fórmula "sistema internacional" não é mais do que o "sistema europeu em expansão".

Por exemplo, Northedge, da escola inglesa de relações internacionais, postulou um modelo em sete etapas com o objetivo de explicar como surgiu o atual sistema internacional. O ponto fulcral deste modelo em sete etapas, que também descreve simultaneamente a expansão do sistema ocidental, é o conceito de reconhecimento diplomático por parte do sistema ocidental. Por outras palavras, é o sistema ocidental que é importante e é isso que queremos dizer quando afirmamos que o sistema internacional não é mais do que o próprio sistema ocidental.

Como de costume, o poderoso sistema ocidental (e as nações dentro deste sistema) produziu as suas próprias categorias para compreender e moldar a política mundial. "Em primeiro lugar, a Europa era considerada como o mais importante dos cinco continentes", escreve Harold Nicolson, "e considerava-se que nenhuma guerra se poderia tornar numa guerra importante sem que uma das cinco grandes potências europeias se envolvesse."[17] Na mesma linha de lógica, a divisão do mundo durante a guerra fria foi outro exemplo das divisões do tipo citado. No entanto, considerando os recentes desenvolvimentos desde o fim da Guerra Fria, que tipo de modelo podemos aplicar? É evidente que, apesar de estarmos a viver um elevado nível de globalização, continuam a existir linhas divisórias entre as nações do mundo. Barry Buzan e Richard Little, num dos seus artigos, discutiram o mesmo tema. Para Buzan e Little, a divisão, atualmente, é entre a "zona de paz" e a "zona de guerra".[18] "Em vez de ser um único espaço político-estratégico, com um único conjunto de regras do jogo, o sistema internacional dividiu-se em dois mundos".[19] Estes dois mundos são os seguintes:

Um mundo é definido por uma comunidade de segurança pós-moderna de poderosas democracias industriais capitalistas avançadas, e as relações internacionais dentro deste mundo já não funcionam de acordo com as velhas regras vestefalianas/realistas. Na zona de paz, os Estados não esperam nem se preparam para a guerra uns contra os outros... O outro mundo é composto por uma mistura de Estados modernos e pós-modernos. Nas relações entre (e dentro) destes Estados, as regras realistas clássicas ainda se aplicam e a guerra é um instrumento de política utilizável e usado.[20]

No que diz respeito à questão da relação entre as duas partes num quadro organizacional deste tipo, os autores perguntam: "Será que a zona de conflito mais fraca, mas talvez mais agressiva, começará a penetrar e a interferir na zona de paz através de ameaças de terrorismo, armas de destruição maciça de longo alcance, migração, doença, repúdio da dívida, etc.?"[21] Além disso, o colonialismo pós-moderno moldará as formas a adotar na zona de paz. Assim, "o colonialismo pós-moderno coloca a missão civilizadora em primeiro lugar e está a falar a sério. O colonialismo pós-moderno é quase inteiramente sobre a imposição de um padrão de civilização e, em particular, uma visão liberal dos direitos humanos".[22] Os autores deste artigo

---

[17] Harold Nicolson. The Evolution of Diplomatic Method (Londres: Constable & Co. Ltd., 1960), 73.

[18] Barry Buzan-Richard Little. "Beyond Westphalia? Capitalism after the 'Fall'", Review of International Studies, número especial, 25 (1999), 89-104.

[19] Ibid. 101.

[20] Ibid. 101.

[21] Ibid. 102.

[22] Ibid. 103.

concordam mais ou menos com Buzan e Little, mas é preciso notar que neste modelo existe uma espécie de relação hegemónica. Nas palavras de Mahathir Muhammad, primeiro-ministro da Malásia, "Tudo continuará a ser cozinhado no Ocidente... e o que é do Ocidente é universal. Outros valores e culturas são supérfluos e desnecessários. Se continuarem a existir, haverá um choque de civilizações".[23] Traduzindo o que Mahathir Muhammad disse para uma linguagem teórica: "uma perspetiva de sociedade global exige o reconhecimento, nas instituições e na cultura do sistema estatal, das exigências da sociedade em matéria de responsabilidade. Isto deve incluir a intervenção cada vez mais sistemática da sociedade internacional e das instituições internacionais em Estados individuais que não cumprem as normas aceitáveis".[24]

Os autores deste artigo não estão inclinados a rejeitar totalmente a globalização. Também não entendemos a globalização como uma pura americanização do mundo, em certas dimensões, em particular. O papel da sociedade internacional é tremendo nos países em desenvolvimento, onde os governos existentes não estão dispostos a promover a democracia. No entanto, no processo de criação de um sistema global, o Ocidente deve ter em conta alguns factos importantes. Como já foi referido, a nossa solução exige uma abordagem intertextualista.[25] Defendemos que só "invertendo um dogma filosófico ocidental de longa data; o do privilégio das questões epistemológicas sobre as ontológicas",[26] podemos abrir uma nova porta para o intertextualismo. No entanto, não se deve pensar que, ao ler a epistemologia como racional e a ontologia como atual, a nossa proposta depende de uma interpretação hegeliana correcta. Não estamos a afirmar que precisamos de uma abordagem hegeliana correcta para compreender corretamente a política mundial. Concebemos a política mundial como

---

[23] Citado em Peter W. Rodman, "The World's Resentment Anti-Americanism as a Glo-bal Phenomenon", The National Interest, Vol 60, verão (2000), 39.

[24] Martin Shaw. "Global Society and Global Responsibility: The Theoretical, Historical and Political Limits ofInternational Society'", em Rick Fawn-Jeremy Larkins, International Society after the Cold War (Londres: Macmillan Press; 1996), 59.

[25] Gokhan Bacik. "The Problem of Ethnicity in a New (Global) Language", Democracy & Nature, 7 (2001), 339.

[26] Leikki Patomaki-Colin Wight. "After Postpositivism? The Promises of Critical Realism", International Studies Quarterly, Vol. 44, 2 (2000), 215.

sendo muito abstrata. E desde que se preste atenção à epistemologia, produz-se inevitavelmente uma linguagem analítica em vez de uma linguagem baseada na experiência. Em suma, a nossa proposta também convida outras epistemologias para o terreno. Não só os seus corpos existentes, mas também os seus paradigmas epistemológicos devem ser bem-vindos. Mas "não se trata de convidar mais alguns cientistas sociais da Ásia, da Europa de Leste ou da América Latina para um colóquio ou para ensinar numa universidade ocidental", como observou Wallerstein.[27] Isto pode também impedir-nos de nos envolvermos numa segunda vaga orientalista. A este respeito, a ciência política deveria ter em consideração o chamado orientalismo linguístico ocidental.[28] O desconhecimento da ontologia do outro não era uma simples situação política; no entanto, implicava o desconhecimento de outras epistemologias. Só através desse método se poderia estabelecer uma coligação mundial eficaz contra os inimigos comuns dos povos do mundo, como o terrorismo.

O Islão e o terrorismo

O terrorismo não tem a ver com teologia. Tem a ver com os problemas económicos, sociais e políticos, principalmente dos países em desenvolvimento. Também vários grupos, mesmo nas nações ocidentais, que partilham as mesmas condições sociais deterioradas, recorrem ao terrorismo. O terrorismo tem a ver com as desigualdades das nações do mundo. Em termos de textos básicos, o Islão condena fortemente a morte. "Se alguém matasse uma pessoa - a não ser que fosse por assassínio ou por espalhar o mal na terra - seria como se tivesse matado todo o povo; e se alguém salvasse uma vida, seria como se tivesse salvo a vida de todo o povo." (Alcorão, 3: 180) Entretanto, deve notar-se que o texto é passivo, e é a mente humana que ativa o texto. Assim, em cada época, há vários grupos que interpretam os textos fundamentais de acordo com os seus objectivos. O cerne da questão reside na estrutura do Islão enquanto religião. Por exemplo, durante o famoso caso Salman Rushdi, a fatwa de Khomeini foi muito

---

[27] Immanuel Wallerstein. "From Sociology to Historical Social Science: Prospects and Obstacles", British Journal of Sociology, 51, (2001), 34.

[28] Kinsgley Bolton-Christopher Hutton. "Orientalismo, estudos linguísticos e pós-coloniais", Interventions, 2, (2000), 2.

debatida. O que muitas pessoas ocidentais não perceberam durante essas discussões foi a estrutura do Islão enquanto religião. Nessas discussões, Khomeini foi apresentado como se estivesse a falar em nome de todo o mundo islâmico. O que lhes escapou é que não existe no Islão um quadro institucional que permita a alguém ou a alguns grupos falar em nome da Umma islâmica. O mesmo mal-entendido metodológico, se não mesmo ignorância, sobre o Islão é também utilizado nos debates sobre o terrorismo e o Islão nos dias de hoje.

Qualquer tipo de anti-Islamismo nas agendas dos países ocidentais não passaria de uma forma anacrónica de conduzir a diplomacia. É um regresso às guerras de religião que ocorreram durante as Cruzadas, as Guerras dos Cem Anos e as Guerras dos Cinquenta Anos. Esta política de vingança pouco fará para proteger a paz e apenas alimentará mais terrorismo.[29] Pior ainda, o desenvolvimento da democracia nos países em desenvolvimento e do terceiro mundo seria travado pelas instituições existentes. É evidente que as instituições do terceiro mundo prosseguem uma agenda oculta ao prestarem apoio à coligação americana e europeia contra o terrorismo. O mundo ocidental, que se mostra relutante em relação ao desenvolvimento da democracia no mundo não ocidental (com o objetivo de travar o Islão político), é um prémio de lotaria para as instituições antidemocráticas do terceiro mundo.

Após os terríveis ataques no território dos EUA, a situação pode piorar, uma vez que, desta vez, um grupo de terroristas pode ser considerado como representante do Islão. Os académicos, analistas e meios de comunicação ocidentais devem ter em conta o facto de que já não é possível falar de um entendimento islâmico unificado e homogéneo. Chegou a altura de falar de Islão plural. Todos devemos ter cuidado com as diferentes interpretações em várias geografias, que levaram ao aparecimento de diferentes entendimentos islâmicos dos princípios islâmicos e das práticas quotidianas. Os muçulmanos perderam o seu modelo institucional após a abolição do Califado e nenhum outro indivíduo, grupo ou instituição esteve alguma vez em posição de representar a maioria dos muçulmanos. A dissolução do Império Otomano, o processo

[29] Tom Barry e Martha Honey. "International Crime Not War", Foreign Policy Focus A Global Affairs Commentary, (setembro de 2001), 1. www.fpif.org/.

de descolonização, os desafios da modernização e da secularização, as regras autoritárias, para além de uma série de desenvolvimentos relativamente menos importantes, ocorreram todos no século XX, tornando este século o mais longo para os povos muçulmanos.

Enquanto a imagem e o poder do Islão estavam em declínio acentuado, a natureza das relações entre o Ocidente e os muçulmanos foi-se tornando mais complexa e problemática ao longo do século XX. Nesta construção histórica, a partir dos anos 70 e até ao final do século, primeiro com uma identidade socialista e depois com uma perspetiva islâmica, o terror tornou-se uma questão nestas relações. Se olharmos para o cenário interno e para as relações Estado-sociedade nos países islâmicos, muitos deles tiveram problemas graves de terrorismo, com vários grupos terroristas com identidade e reivindicações islâmicas. Ao longo do final do século XX, a noção de terror islâmico ganhou proeminência devido ao que se pode designar como um fator de país terceiro no mundo muçulmano relacionado com os seus problemas. Os ataques israelitas ao Líbano, a questão palestiniana, o embargo internacional ao Iraque, tudo isto alimentou os sentimentos anti-imperialistas e anti-ocidentais já existentes no mundo islâmico. A imaginação histórica (e a memória colectiva) é importante para a formação das identidades e das visões do mundo. Toda uma geração do mundo árabe testemunhou aquilo a que chamam a duplicidade de critérios do Ocidente contra os palestinianos e os iraquianos. A sua perceção atual e o testemunho ocular, bem como o que ouviram dos seus avós, coincidiram neste momento e conduziram à emergência de um novo mapa cognitivo e de uma nova perceção mental do Ocidente. Este novo mapa mental do Ocidente foi consolidado pela imaturidade política e pelo desespero sem fim. É preciso ter isto em conta para compreender a celebração de um número limitado de pessoas em vários países islâmicos após os horríveis ataques aos EUA. Nesta altura, a seguinte pergunta honesta deve ser respondida nos EUA: Porque é que tantas pessoas no mundo estão prontas a morrer para dar aos EUA uma amostra do que supostamente a administração americana lhes deu?

A dimensão económica da globalização é outro fator grave que deve ser tido em consideração. Numa conferência sobre o futuro da juventude nos países da Eurásia, todos os participantes declararam o seu descontentamento relativamente ao seu empobrecimento e argumentaram que os jovens perderam a esperança no futuro. A marginalização económica é um facto em grande parte da África e da Ásia e, sem dúvida, está a alimentar sentimentos anti-ocidentais devido à crença de que a riqueza do Ocidente resultou no seu empobrecimento. A civilização islâmica dá uma imagem de civilização morta e revelou-se incapaz de enfrentar os desafios da globalização. Todos os muçulmanos se arrependem de se associarem ao terrorismo, mas apenas um número limitado de pessoas no mundo islâmico leva esta situação a sério. Os recentes actos terríveis podem levar a uma reconsideração dos princípios e práticas que orientam os muçulmanos e a uma autoavaliação crítica neste sentido. A outra alternativa não é a que os muçulmanos quererão ver no futuro.

Como abordar o problema?

Existe quase um entendimento comum nos círculos intelectuais islâmicos de que os ataques com mísseis ou as operações militares não resolverão o chamado terrorismo islâmico. Há uma tendência visível de que só a educação pode ajudar estes povos a libertarem-se de falsos ideais. A tónica é colocada no reforço dos valores espirituais que impedirão as pessoas de cometerem actos ilícitos contra os outros. Muitas figuras influentes do mundo islâmico condenaram os actos terroristas e concordaram que o Islam não tem nada a ver com o terror.

Como já foi referido, partilhamos o argumento de Edward Said de que: "não existe um único Islão: existem islamismos, tal como existem Américas. Esta diversidade é verdadeira para todas as tradições, religiões ou nações, mesmo que alguns dos seus adeptos tenham tentado inutilmente traçar fronteiras em torno de si próprios e fixar os seus credos de forma clara".[30] No entanto, na nossa perspetiva, o mundo islâmico deve ser entendido em duas subdivisões. Os muçulmanos que vivem em Estados não muçulmanos e, entre estes, os muçulmanos que vivem nos países ocidentais são particularmente importantes. Os outros são os que vivem em Estados maioritariamente muçulmanos. É necessária uma outra classificação, uma vez que existem numerosas

[30] Edward Said. "Islam and the West are Inadequate Banners", Observer, 16 de setembro de 2001.

placas sub-civilizacionais nestes locais muçulmanos. São elas o Islão do Golfo e Saudita, o Islão Xiita, o Islão Árabe do Norte de África e Africano, o Islão Turco, o Islão Africano, o Islão do Sudeste Asiático, o Islão da Ásia longínqua e o Islão Ocidental (sobretudo convertido). Neste sentido, a pressão dos EUA para um envolvimento ativo do Paquistão não parece ser uma escolha acertada, tendo em conta as características subcivilizacionais que levaram visivelmente a protestos de milhares de paquistaneses apenas alguns dias após os primeiros ataques dos EUA ao Afeganistão. No entanto, a administração turca concedeu facilmente o direito de utilizar bases aéreas na Turquia para ataques ao Afeganistão e até aceitou enviar soldados para lutar lado a lado com as forças americanas.

Seguindo a linha geral de pensamento dos países islâmicos, a questão do terror pode ser entendida e tentada ser resolvida através de dinâmicas internas e específicas de cada placa sub-civilizacional. Todas estas subdivisões sofreram enormes e variados impactos na segunda metade do século XX. A tradição intelectual islâmica defende frequentemente que o Is-lam é um mecanismo vivo e tem os seus próprios mecanismos de defesa. No entanto, numa interpretação otimista, estes mecanismos não surgiram até agora. A este nível, o empenhamento construtivo do Ocidente pode abrir alguns canais. Neste sentido, o fluxo de fundos para o terceiro mundo continuou na era pós-guerra fria, a fim de promover os valores do mundo moderno, ou seja, os direitos humanos, a democracia e as liberdades. As tentativas de construção da sociedade civil, por exemplo na Ásia Central, não produziram os resultados desejados. Não é possível estimular a iniciativa individual onde existe uma grave falta de confiança.

A falta de confiança nos países islâmicos é a regra do dia desde há muito tempo. Ninguém quer tomar a iniciativa e fazer algo de novo, com um número limitado de excepções. Existe um conservadorismo psicológico generalizado, que leva as pessoas a abordar tudo o que é novo com grande desconfiança e medo. As tentativas ocidentais de criar comunidades locais de confiança falharam por se terem dirigido aos segmentos errados dos povos islâmicos. Os fundos foram canalizados para grupos já modernizados e liberais, que foram considerados suspeitos e sem capacidade de penetração nas sociedades. Neste sentido, o verdadeiro alvo são, entre outros, as comunidades das mesquitas, as comunidades islâmicas locais, os ramos das iniciativas locais de segurança social e as pessoas respeitadas da sociedade. Cada sociedade tem a sua própria dinâmica para garantir a paz e a estabilidade. As tentativas de descobrir estas dinâmicas e de visar novos segmentos da sociedade para criar comunidades de confiança significariam uma mudança de paradigma tanto no mundo ocidental como no mundo islâmico. Nomeadamente, estas mudanças trarão novos mecanismos inter e intra-civilizacionais, que serão mais abertos ao diálogo, à coexistência e ao hibridismo. Esta discussão leva-nos também a levantar questões sobre a noção islâmica de segurança e de resolução de conflitos. Enquanto que, no sentido ocidental, é essencial proteger o indivíduo contra intervenções externas, no sentido islâmico o objetivo é fazer com que o indivíduo se controle a si próprio, impedindo-o assim de causar danos a outros. O direito sagrado do indivíduo à existência, a ordem social e o Estado de direito, bem como a proteção da ummah islâmica contra o exterior, são os direitos e questões de segurança essenciais no Islão. A segurança, quer se trate de indivíduos ou da sociedade, é um código ético no âmbito da compreensão islâmica. Não foi criada outra filosofia da ética para além do próprio Islão. O mesmo se aplica ao direito e à filosofia do direito.[31]

Poderiam ser propostas novas abordagens em relação à segurança nacional, um fenómeno moderno, tendo em conta a segurança do indivíduo em termos islâmicos e a da sociedade enquanto composta por indivíduos, e os princípios para a proteção da vida, das liberdades, das crenças e da propriedade dos indivíduos. Tomando o território como um tipo de propriedade pertencente a todos os residentes de um determinado país, poder-se-ia chegar a uma noção de segurança nacional. Neste sentido, atacar o território do outro não é o caso, exceto em tempo de guerra. Os métodos utilizados para a resolução de conflitos e a reconciliação no mundo islâmico, por exemplo, o sulh e a musalaha, decorrem do entendimento definido neste contexto.[32] Embora isto não signifique que as práticas actuais nos países islâmicos sejam os melhores exemplos no

---

[31] Alparslan Afikgen^. "Aristoteles'in Ahlak Felsefesi ve Islam Ahlak Anlayi-§i, Koprii, 75 (2001), 91.

[32] Para mais informações, ver Karim Crow, "Nurturing Islamic Peace Discourse", American Journal of Islamic Social Sciences, 17 (2000), 54-70.

seu género, devem ser tidas em consideração para compreender a dinâmica da paz e do conflito nestas sociedades.

O Islão desenvolveu uma ordem definida de relações internacionais desde o seu início, particularmente digna de nota em termos da sua lei da guerra, numa altura em que nem mesmo o Ocidente tinha desenvolvido uma ordem universal semelhante, ou seja, durante toda a Idade Média. A ordem islâmica, que tinha sido transformada pelos juristas muçulmanos num sistema elaborado de carácter ecuménico, influenciou a experiência ocidental nos séculos de ascendência política islâmica. Com o processo histórico de mudança, esta ascendência foi seguida por um período de estagnação e, depois, de declínio, que foi acompanhado por desenvolvimentos multidimensionais no Ocidente. O domínio do Oriente (islâmico) pelas potências europeias contribuiu para um lento mas inegável processo de mudança no Oriente, dando lugar a transformações e/ou alterações multifacetadas dos seus vários sistemas. Entretanto, embora os benefícios do Direito Internacional das nações ocidentais estivessem anteriormente confinados a si próprias, posteriormente, este Direito das Nações europeu evoluiu de um sistema continental para um sistema mundial (o que pode ser explicado como tendo começado com a admissão do Império Otomano no Concerto da Europa ao abrigo de um tratado em 1856). Consequentemente, o longo processo de mudança resultou na inclusão dos Estados islâmicos desintegrados, territorialmente segregados e soberanos na comunidade internacional moderna.

Desde a Segunda Guerra Mundial, esses países islâmicos soberanos adoptaram mais ou menos a ordem internacional atual. Participaram também ativamente, com os Estados ocidentais, em organizações internacionais, tratados, convenções e afins, que regulam muitas formas de relações internacionais e, por conseguinte, no desenvolvimento e codificação do direito internacional moderno. O quadro problemático atual é apenas uma pequena parte do todo e não deve ser apresentado como reflectindo opiniões e tendências gerais. O sistema moderno de relações internacionais e o direito internacional, como é óbvio, estão em constante evolução. Estão longe de ser completos ou adequados para responder às necessidades de uma comunidade internacional em permanente mudança, especialmente na perspetiva humanitária. No que diz respeito ao seu aspeto de conduta/princípios de guerra - um fenómeno aparentemente negativo da atualidade foi recentemente observado, interalia, na trágica crise da Bósnia e na guerra que se seguiu. Por conseguinte, a presença real dos países islâmicos na ordem internacional atual e, mais importante ainda, a presença teórica (concetual) da ordem islâmica supramencionada das relações e do direito internacionais, que parecem desconhecer ou esquecer, pode certamente dar, e de facto tem dado, a estes países oportunidades valiosas de exercerem a sua influência no sentido de desenvolverem o sistema moderno de relações internacionais, especialmente no seu aspeto de conduta/princípios de guerra, através de uma abordagem intertextualista.

Conclusão

Existe um limiar imaginário entre o mundo islâmico e o Ocidente e o passado recente não parece suscetível de servir para diminuir esta barreira. Ambas as partes costumavam ter uma espécie de ilusão egocêntrica, que se manifestava a nível discursivo no mundo islâmico e na prática através do chamado domínio ocidental. O recente acontecimento também nos mostrou, em ambas as Weltanschauungs, que não existe o necessário elemento de confiança, o que significa que não existe uma hegemonia final sobre o outro. A falta de confiança no mundo ocidental é muito mais significativa, uma vez que a existência de políticas radicais declara que não estamos no fim da his-tória. Os actos terroristas trouxeram de volta a memória da globalização e da hegemonia ocidental, dando sinais sobre como será o futuro da segurança global. Dever-se-ia esperar conflitos intra-civilizacionais em vez de conflitos inter-civilizacionais após as primeiras reacções sentimentais aos terríveis ataques em solo americano. Neste sentido, o mundo islâmico apoiou as tentativas de pôr fim ao Taleban e a outros grupos desonestos do Afeganistão. Isto também mostra que existe material e motivação suficientes para coligações intra e inter civilizacionais contra o mesmo tipo de constelações desonestas. A coligação de forças modernas e pós-modernas para alargar a zona de conflito enfrentará a resistência dos que se encontram na zona de paz. Esta divisão é mais importante do que um significado jurídico simbólico para os muçulmanos do século XXI. Devem participar ativamente nas tentativas de luta contra o terror e oferecer os seus próprios métodos e mecanismos de apoio. Esta é uma causa comum e o significado do problema cria também uma oportunidade para ultrapassar as dificuldades, beneficiando da riqueza da civilização de cada um.

Quase dois terços do mundo islâmico dão a impressão de viver fora da história. Os líderes dos Talibãs no Afeganistão declararam que todos os alcatrões da sua terra não atingiriam o valor monetário de alguns mísseis. Os Talibãs também encerraram as escolas de uma ONG turca no Afeganistão, uma vez que estavam a dar aulas de biologia. É interessante notar que o líder da comunidade islâmica que abriu estas escolas está a ser julgado na Turquia e a viver no exílio nos EUA devido à prossecução de actividades islâmicas no seu país. O problema é encontrar um meio-termo muito aconselhado no entendimento islâmico, nomeadamente syrat-y mustakim. A maioria dos países islâmicos sofre o impacto duradouro e o legado da colonização externa e interna e dos governos autoritários. O mundo islâmico deve enfrentar os desafios da sua própria civilização e deve estar aberto ao empréstimo e ao diálogo recíprocos, para além de utilizar os seus próprios mecanismos dinâmicos. O mundo ocidental não está em posição de oferecer um tipo de ajuda do tipo "o fardo do homem branco", mas deve contribuir positivamente para este processo. Estamos a meio de uma revolução e os resultados ainda não foram apurados. É como o final do século XVIII, em que a Revolução Francesa foi moldada.

Muçulmanos, hindus, cristãos, ateus e todos os outros, devemos fazer tudo o que pudermos com a nossa limitada capacidade humana para diminuir os possíveis danos deste processo de transformação global. Caso contrário, o perdedor não será outro senão nós, todos nós.

* "O Islão no sistema mundial moderno: A View from a Lacanian Perspective", comunicação apresentada na Conferência MECA (Middle East and Central Asia Conference), Universidade de Utah, setembro de 2005

CAPÍTULO 2

O Islão na política externa turca e iraniana

Antes de mais, gostaria de explicar a génese deste documento. Em 2006, o Conselho de Segurança da ONU enviou uma força internacional para estabilizar o Líbano. A decisão de participar ou não no conflito do Médio Oriente foi crucial para o governo turco. Apesar da oposição generalizada da opinião pública, o parlamento turco aprovou o envio de soldados. Foi a primeira vez, desde a dissolução do Império Otomano, que a Turquia decidiu participar na política do Médio Oriente e houve um enorme desacordo entre os políticos árabes e iranianos sobre se a Turquia deveria ou não desempenhar um papel na força de manutenção da paz no Líbano. Nessa altura, eu trabalhava como jornalista na Turquia, escrevendo muito sobre questões do mundo muçulmano, e recebi mais de 100 telefonemas e e-mails a questionar a decisão da Turquia. Questionavam-se sobre as intenções da Turquia. Perguntaram-me: Porque é que o Governo turco quer fazer parte do Médio Oriente? O que é que se passa com a política externa turca? Porque é que, de repente, a Turquia quer alargar a sua influência para além das fronteiras turcas? A maior parte destes jornalistas considerava que a participação da Turquia na política do Médio Oriente iria agravar a tensão na região, em vez de trazer paz e estabilidade.

Uma das respostas óbvias é o Islão. Atualmente, os governos do Médio Oriente tendem a combinar imperativos islâmicos e nacionalistas nas suas políticas externas. No entanto, isto tende a ser desastroso, não só a nível regional, mas também a nível internacional, pelo menos em parte porque continuamos a viver numa era de Estados-nação, com os iranianos para o Irão, os sírios para a Síria, os turcos para a Turquia, e assim por diante. Neste momento, diria eu, devido ao peso conjunto da história mundial recente, dos nacionalismos étnicos e da estrutura do sistema internacional, o Islão não é uma carta aplicável para usar na política externa. De facto, a história tem-nos mostrado que, apesar dos muitos impérios e nações que tentaram usar o Islão como meio de unificar as suas populações e políticas, o nacionalismo sempre teve primazia sobre o Islão.

Antes de passar a falar do papel do Islão na política externa turca e iraniana contemporânea, gostaria de fazer uma retrospetiva histórica, em particular dos erros cometidos no passado pela dinastia islâmica na sua arena internacional. Na verdade, gostaria de sugerir que a história nos pode guiar na compreensão da atual política externa turca e iraniana. Se olharmos mais de perto para o papel da religião e, especificamente, do Islão na política externa, podemos ver um padrão que começou na dinastia omíada e que continua até hoje na Turquia e no Irão modernos. Durante a dinastia omíada, a política interna e externa era ditada pelo nacionalismo árabe. Em vez de unificar a população, esta política polarizou-a ainda mais, porque alienou os muçulmanos não árabes. Assim, vou fazer uma breve viagem desde a dinastia omíada até às actuais políticas externas turca e iraniana.

Turquia

I. Repercussões da política externa da dinastia omíada (a primeira dinastia muçulmana (661-750)) Gostaria de chamar a atenção para dois acontecimentos ou processos marcantes na história do Irão. Em primeiro lugar, a história do Irão começou com a morte de Maomé. Hussein, neto de Muhammed, em 680, durante a batalha de Karbala. A morte de Hussein foi o ponto de viragem no Islão e deu origem às duas principais seitas do Islão (sunita e xiita). Esta batalha foi, portanto, o acontecimento que definiu a história e a identidade iranianas, tendo moldado não só a cultura mas também a política do Irão, incluindo os seus próprios cidadãos.[1]

Em segundo lugar, quando a dinastia omíada começou a difundir o Islão com as suas ideias nacionalistas árabes na região curda, ignorou, como muitos conquistadores, a cultura curda local. Recorreram mais à violência do que à persuasão para os tornar muçulmanos e os curdos resistiram ao que consideravam ser o nacionalismo árabe, nomeadamente através da erudição curda sobre o assunto. thNo século XII, o Imã Hadi tentou desenvolver uma teoria política que protegesse a identidade curda. Escreveu um livro em curdo chamado "Livro Negro" (Mushafe Resh) que serviu de baluarte contra o nacionalismo árabe. Neste livro, o Imã descreveu em pormenor as repercussões das políticas nacionalistas dos Estados islâmicos e discutiu o Islão, o Cristianismo e o Judaísmo em conjunto, criando um entendimento religioso totalmente novo.[2] Hoje em dia, os actuais nacionalistas curdos utilizam o seu túmulo como um símbolo do renascimento da identidade curda.[3] A dinastia omíada desencadeou este processo.

II. O reinado de Abdulhamid II (Istibdat): Opressão na política interna e política externa pan-islâmica (1876-1909)

O sultão otomano Abdulhamid utilizou o califado como símbolo do Islão no seu apelo aos muçulmanos de todo o mundo para lutarem contra a intervenção europeia. Provavelmente, pensou que seria útil mobilizar o Islão como política externa para salvar o Império. A decisão islamista mais importante que tomou foi a construção dos caminhos-de-ferro do Hejaz e de Bagdade para os peregrinos de Meca.[4] No entanto, a sua política de opressão dos não muçulmanos acelerou o fim do Império Otomano. Ao alimentar-se dos movimentos nacionalistas turcos e de outros países e ao tentar proteger as suas fronteiras, o Império tornou-se uma prisão para gregos, curdos, arménios e árabes.

Esta política não foi bem sucedida e acabou por conduzir à revolução dos Jovens Turcos. Infelizmente, os Jovens Turcos não aprenderam com os erros dos governantes anteriores e continuaram esta política de opressão, o que acabou por desencadear o surgimento de sentimentos nacionalistas entre os grupos minoritários. Na Turquia de hoje, o principal partido político, o Partido Ak, não consegue ver a semelhança entre a atual política externa turca e a política interna e externa durante o período dos Jovens Turcos e, assim, repete os seus erros históricos.

III. Jovem período otomano (1908-1918)

Os nacionalistas Jovens Turcos abriram uma brecha entre os povos árabes e turcos, opondo-se, entre outras coisas, a qualquer participação política dos não-turcos. Deste modo, não só destruíram a qualidade do Império Otomano como entidade multicultural, como também aceleraram a diferenciação das identidades.

Zeine Zeine considera que a razão subjacente à deterioração das relações entre árabes e turcos tem origem no movimento político do Avanço da União (movimentos Ittihad e Terakki), conhecido como "Fazer Turco", que também se tornou a fonte do nacionalismo árabe.[5] Os Jovens Turcos eram o grupo mais influente entre os membros do Avanço da União. O nacionalismo dos Jovens Turcos provocou mais nacionalismo árabe. Subsequentemente, nasceram novos Estados-nação e intensificaram-se os sentimentos e movimentos políticos nacionalistas. As suas políticas conduziram à dissolução do Império Otomano em Estados e intensificaram numerosos movimentos nacionalistas na região. (Os Jovens Turcos aprenderam com os franceses Tarde e Le Bon)[6] .

IV. O renascimento do Islão na política externa turca e os receios dos árabes

A primeira vez que o Islão apareceu na política externa turca foi durante o governo de Erbakan (Partido do Bem-Estar Social). O primeiro objetivo do Primeiro-Ministro Necmettin Erbakan (1995-1997) era tentar unificar o mundo islâmico sob o mesmo guarda-chuva. No entanto, quando começou a viajar para os países islâmicos, viu-se confrontado com pressões internas e externas dos países ocidentais e islâmicos, em especial do presidente líbio Muammer Kaddafi (Kaddafi), que criticou duramente as políticas de Erbakan e contribuiu para o fim da administração Erbakan na Turquia. Criticando os laços estreitos da Turquia com o Ocidente e a sua adesão à NATO, Kaddafi disse num discurso famoso: "Estou a falar da nação curda. Esta nação deve ter o seu lugar ao sol no Médio Oriente". Kadhafi não se preocupava realmente com a nação curda (ou com a falta dela), estava na realidade a tentar exprimir a Erbakan as preocupações que os árabes tinham em relação à liderança turca no Médio Oriente. Penso que, neste caso, Kadhafi utilizou a questão curda para encobrir preocupações árabes muito reais sobre o facto de a Turquia desempenhar um papel de liderança no Médio Oriente.

V. Partido AK, Partido da Justiça e do Desenvolvimento (JDP) Período (2003-2007)

A segunda vez que o Islão apareceu na política externa turca foi durante a administração de Erdogan (Partido da Justiça e do Desenvolvimento). A linguagem política do Partido da Justiça e do Desenvolvimento oscila entre a promoção do nacionalismo e a reivindicação do papel de líder no mundo islâmico. As políticas do JDP utilizam o nacionalismo internamente para angariar apoios e mobilizar a importância histórica do Islão, a fim de se tornarem uma grande potência na região. As boas relações da Turquia com o mundo árabe, com o Sudão e, em particular, o papel da Turquia na Organização da Conferência Islâmica (OCI) revelam um importante esforço diplomático baseado na sua promoção como Estado islâmico. Penso que, após a retirada dos EUA do Iraque, a Turquia perderá provavelmente a sua importância diplomática na região, porque o Irão e a Síria não querem a Turquia como ator político no Médio Oriente. As actuais relações da Turquia com o mundo árabe são o resultado de situações políticas recentes e contingentes e não podem ser sustentadas apenas pela diplomacia islamista.

Irão

I. O Islão na política externa iraniana

No final da década de 1960, alguns especialistas políticos argumentaram que a modernização minimizaria a importância da religião.[7] No entanto, com a revolução iraniana de 1979 e após a Guerra Fria, a religião voltou a ser uma força poderosa na política mundial. A atual política externa iraniana está no centro deste renascimento.

O nacionalismo iraniano espalhou-se pela região com a seita religiosa xiita. Até à data, os sunitas têm dominado a administração do mundo islâmico. O governo iraniano tem tentado difundir a sua versão do Islão, criando centros xiitas no mundo muçulmano, sobretudo nos Balcãs, em África e na Ásia Central, onde domina o Islão sunita. Se o governo iraniano prosseguir a sua política externa de tentar subjugar o Islão sunita em favor do Islão xiita, as tensões continuarão a aumentar e haverá o risco de uma guerra interna em todo o mundo islâmico. Além disso, a combinação do xiismo e do nacionalismo iraniano também criou problemas internos. No Irão, não há lugar para outras crenças na esfera política, e os não muçulmanos não são os únicos que são maltratados e discriminados; os muçulmanos não xiitas também sentem a natureza dura e discriminatória da política iraniana. De facto, em 2001, quando estive no Irão, ouvi um dos discursos do líder supremo iraniano, Seyyid Ali Hamaney. Ele disse: "Todas as minorias que vivem no Irão são nossos irmãos, mas se quiserem participar na política, acabaremos com a nossa fraternidade".[8]

II. Período Rafsanjani (1989-1997)

Apesar de Rafsanjani ter escrito um livro que criticava o nacionalismo, foi um dos líderes nacionalistas mais opressivos da política iraniana. Recorreu à violência contra grupos minoritários e a violência tornou-se parte da política externa durante a sua administração. Os curdos que entrevistei no Irão acreditavam que ele era responsável pela maioria dos assassinatos de líderes e académicos curdos.[9]

III. Período Khatemi (1997-2005)

Embora Khatemi tenha tentado adotar uma política externa mais suave em relação ao Ocidente e ao mundo islâmico, não foi capaz de mudar a política iraniana. Queria fazer do Irão um modelo para o mundo islâmico, centrando-se mais na política interna do que na política internacional. Defendia que: "Os fanáticos à procura de poder que ignoraram as exigências do povo e resistiram às reformas... [foram eles que destruíram a imagem do Irão no mundo".[10] Embora a sua administração tenha conseguido desmantelar o Hezbollah na Turquia, Khatemi acabou por não conseguir atingir os seus objectivos. A oposição religiosa conservadora esmagou-o.

O atual primeiro-ministro do Irão, Mahmoud Ahmadinejad (2005-), segue as pisadas de Khomeini, o que torna a política iraniana atual mais complexa. Khomeini não confiava nem comunicava com os países ocidentais. Infelizmente, ele não vê que a ideia de Khomeini foi construída durante a guerra entre o Irão e o Iraque e que não ajudará o atual governo iraniano a longo prazo.

A concorrência entre o Irão e a Turquia: O Islão iraniano contra o Islão turco[11]

Durante a Guerra Fria, a comunidade internacional utilizou a religião como parte da sua estratégia contra a União Soviética. Esta política reforçou os movimentos religiosos na região. E agora, depois da Guerra Fria, os efeitos duradouros desta política trouxeram as questões religiosas para a política mundial. A fim de manter uma posição influente em todos os países muçulmanos, o Irão aproveitou os conflitos em várias regiões internacionais para ganhar mais influência. O Irão apoia financeiramente a organização libanesa Hezbollah, a fim de aumentar a tensão na região, com o objetivo a longo prazo de promover o xiismo na região. Além disso, o Irão também constrói e dá apoio monetário a muitos centros xiitas na Síria, no Iraque e no Líbano. O apoio do Irão a grupos pró-islâmicos não pode ser visto apenas como acções altruístas, porque há razões mais profundas e históricas por detrás destas acções. Por conseguinte, os muçulmanos que vivem nos Balcãs, em África, no Médio Oriente ou noutras regiões de conflito devem refletir cuidadosamente sobre as suas posições actuais e a sua relação com o Irão.

Existe também uma concorrência entre a Turquia e o Irão no que se refere ao legado da era pós-otomana e da era pós-soviética. Enquanto o Governo iraniano constrói centros e mesquitas Mevlana para difundir a cultura e a língua iranianas, a Turquia construiu mais colégios turcos na Ásia Central e nos Balcãs para contrabalançar a influência iraniana na região. Foi também por esta razão que o Ministro dos Negócios Estrangeiros turco, Abdullah Gul, convidou os dirigentes do Hamas a visitarem a Turquia. A Turquia queria fazer parte da questão palestiniana, não para o bem da paz na Palestina, mas para contrabalançar a influência do Irão. Penso que isto pode ser interpretado como uma tentativa do Governo turco de impedir a ascensão não só da Al-Qaeda mas também do movimento xiita na região.[12]

Para travar a influência crescente do Irão, a comunidade internacional tem de envolver os muçulmanos nestas regiões e atraí-los para a esfera política, em especial nas zonas de conflito. A comunidade internacional tem também de proteger a minoria muçulmana em zonas dominadas por não muçulmanos. Se não o fizerem, estarão a ajudar a espalhar a influência iraniana por todo o mundo. O Ayatollah Ali Hamaney afirmou que o Irão deve ser a voz de todos os muçulmanos quando estes têm problemas com os seus governos e que o Irão deve apoiar todos os muçulmanos do mundo devido à sua obrigação religiosa. [13] Por conseguinte, sem uma intervenção adequada neste momento, haverá muitos desafios importantes entre o Irão e os países ocidentais no próximo século.

Quando Ibn Khaldun sublinhou que "não há nostalgia pela idade de ouro do passado; ele é o reconhecimento da continuidade e da mudança históricas".[14] Ele queria dizer que a síndrome da idade de ouro levou ao colapso de muitas dinastias e Estados islâmicos. Os decisores iranianos e turcos encontram-se agora numa situação semelhante. Têm uma visão muito idealista do passado e são incapazes de ver como os seus erros políticos estão a refletir os dos impérios passados. Por conseguinte, deveriam ter em conta o aviso de Ibn Khaldun e retirar uma lição do passado. Caso contrário, os governos iraniano e turco acabarão por ser como a dinastia omíada, o Império Otomano, etc.

Conclusão

Em conclusão, o Islão tem desempenhado um papel na política do Médio Oriente durante séculos. Se países como o Irão e a Turquia não mudarem as suas percepções políticas, tanto a nível interno como externo, encontrarão resistência tanto a nível interno como externo. Por conseguinte, os responsáveis políticos turcos e iranianos não devem ignorar as identidades das minorias. É altura de repensar as suas políticas em relação às minorias e aos "Outros". Em particular, têm de enfrentar as suas políticas nacionalistas. As vozes dos grupos minoritários devem ser tidas em conta na elaboração das políticas. Atualmente, é provável que a existência de minorias se reflicta negativamente na política iraniana e turca devido à ausência de pluralismo e multiculturalismo.

Os políticos iranianos e turcos têm de admitir que misturar nacionalismo com religião não tem ajudado as questões muçulmanas actuais. Por isso, os políticos devem regressar às crenças fundamentais do Islão e defender uma nova visão política que seja inclusiva, a fim de evitar confrontos entre a Turquia, o Irão e os países ocidentais. Os intelectuais turcos e iranianos têm de olhar longa e duramente para os seus passados e perceber que pertencem à mesma cultura política. Os iranianos devem estar conscientes do ambiente em mudança radical em que vivem e da necessidade de adotar uma abordagem nova mas drástica das políticas actuais. Caso contrário, não serão capazes de se adaptar aos tempos modernos e em mudança. Se não conseguirem trabalhar em conjunto, os muçulmanos serão sempre dominados pelo atual sistema internacional. A Turquia e o Irão têm de procurar outra direção e outra inspiração, para além de combinarem o Islão e o nacionalismo, para promoverem verdadeiramente a estabilidade e a paz na região.

* "Islam in Turkish and Iranian Foreign Policy", comunicação apresentada na

Conferência MECA (Conferência sobre o Médio Oriente e a Ásia Central), Universidade de Utah, setembro de 2007.

1 Ver mais informações: History of Syria (volume two), Philip K. Hitti, Gorgias press, USA 2002;The Arab Conquest in Central Asia, H.A.R. Gibb, London 1932;The Arab Kingdom and Its Fall, J. Wellhausen, Calcutta 1927; The Cambridge History of Islam, ed. P.M. Holt, Ann K.S. Lambton e Bernard Lewis; The Encyclopedia of Islam, primeira e segunda edições; The First Dynasty of Islam, G.R. Hawting, Londres 1986; God's Caliph, P. Crone e M. Hinds, Cambridge 1986; The Umayyad Caliphate, A.A. Dixon, Londres 1970.

2 **"Estamos gratos à Casa de Adi, mantivemo-nos afastados dos Rafidities - os xiitas". O discurso da comunidade Yezidi, as tensões e as rivalidades entre os grupos islâmicos são referidos nesta passagem.** Ver mais informações: Philip G Kreyenbroek e Khalil J Rashow, God and Sheikh Adi Are Perfect: Sacred Poems and Religious Narratives from the Yezidi Tradition, Harrassowitz Verlag, 2005 P173.

3 Os historiadores curdos acreditavam que o Yezidilik na região curda reflectia uma extensão política da Arménia, no entanto, penso que a política externa da dinastia omíada foi a responsável.

4 Zurcher Erik J., Turkey A modern History, Victoria House, Nova Iorque, 1997, p. 83.

5 Z. Zeine, Arab-Turkish Relations and the Emergence of Arab Nationalism, Beirute, 1958

6 Serif Mardin, Jon Turklerin siyasi fikirleri 1895-1908, ileti§im Yaymlari,1999 Istambul, ver mais pormenores, M. Sukru Hanioglu, Bir siyasal dusunur olarak Doktor Abdullah Cevdet ve Donemi,Istambul, 1981; M. Sukru Hanioglu, Bir Siyasal brgiit olarak Osmanh Ittihad ve Terakki Cemiyeti ve Jon Turkluk (1889-1902), Istambul, Iletisim, s.d. (1986); M. Sukru Hanioglu ,Young Turks in Opposition, Oxford University Press, 1995;M. Sukru Hanioglu , "Transformation of the Ottoman intelligentsia and the idea of science," Anuarul Institutului de Istorie si Arheologie A.D., Xenopol, 1987; M. Sukru Hanioglu , "Notes on the Young Turks and the Freemasons," Middle Eastern Studies, 25 (1989).

7 Fox. Jonathan, Religion as an Overlooked Element of International Relations, International Studies Review, Vol.3, No.3. (outono, 2001), pp.55

8 Ayatollah Seyyid Ali Hamaney, discurso público na televisão iraniana, 13 de setembro de 2001.

9 Entrevista pessoal com alguns curdos iranianos, 7 de setembro de 2001.

10 http://news.bbc.co.uk/go/pr/fr/-/2/hi/middle_east/4072887.stm

11 Ver mais pormenores em M. Hakan Yavuz, "Is there a Turkish Islam?". Journal of Muslim Minority Affairs, 24:2 (2004), pp.213-232.

12 Seyhanoglu, Fatih, The Palestinians between the Empires, Pravda Daily News, 24 de julho de 2006. 13 Ayatollah Seyyid Ali Hamaney, Discurso de sexta-feira, Universidade de Teerão, 2001.

14Erwin I. J. Rosenthal, Islam in the Modern National State, Nova Iorque: Cambridge University Press, 1965. P.28.

CAPÍTULO 3

Um ocidentalista otomano na Ásia Central: Mehmet Efendi encontra as tribos turcomanas em 1877

As relações entre os otomanos e os russos foram muito activas desde o início do século XVIII até ao final do século XIX, devido a uma série de pressões. Em 21 de julho de[st] , 1718, na sequência do acordo de Pasarofca, enquanto os otomanos estavam em guerra com os safávidas no leste[33] , os russos iniciaram a ocupação da margem ocidental do Mar Cáspio e, a partir daí, pretendiam descer de norte a sul. Ocuparam também Baku, situação que tornou as relações entre russos e otomanos muito sensíveis e explosivas, a partir de 24 de julho de[th] , 1724. Apesar de terem assinado o acordo de Mukasem-Namisi[34] , este não minimizou a escalada de tensão entre ambos. Em 1733, Nadir Ali atacou e derrotou subitamente o governador otomano Memis Pasha em Ak-Derbend. Além disso, matou Sadrazam Halil Pasha em Kerkuk (cidade). Em 1734, tinha cercado Bagdhad. Para atenuar os ataques de Nadir Ali à cidade e desviar a sua atenção para norte, o sultão otomano Mahmut I começou a preparar a guerra na região de Kars. Nomeou o Kopruluzade Fazil Mustafa Pasha como governador da Anatólia e ministro da guerra em Kars. Além disso, ordenou ao Khan da Crimeia, Kaplan Giray, que trouxesse o seu exército para a região do Azerbaijão. A passagem do exército da Crimeia pelo Cáucaso para chegar ao Azerbaijão deu origem a uma política russa muito agressiva contra os otomanos. Em primeiro lugar, a Rússia protestou junto do Império Otomano. O Ministro da Guerra russo, Levasav, e os exércitos de Kaplan Giray confrontaram-se algumas vezes.[35] Depois, Abdullah Pasha foi morto por um iraniano em 1735, porque o Império Otomano estava a braços com uma guerra iraniana que ainda não tinha terminado. O Império Otomano não queria entrar em guerra com a Rússia devido a este conflito anterior, dispendioso e prolongado. Pediram ao Khan da Crimeia que retirasse o seu exército do Cáucaso.

---

[33] Uzuncar§ili, Ismail Hakki, Osmanli tarihi (Ankara: Turk Tarih Kurumu Basimevi, 1949), 172-182

[34] Aktepe, M. Munir, Osmanli-Iran Munasebetleri, 1720-1724 ve Silahsor Kemani Mustafa Aga'nin Revan Fetihnamesi (Istambul: Edebiyat Fakultesi Yayinlari, 1970), 15

[35] Halim Giray Sultan, Gulbun-i hanan (Erzurum: Fen-Edebiyat Fakultesi, 1990), 142

No entanto, estas precauções não impediram a eclosão da guerra russo-otomana em 1736.[36]

A guerra durou de 1736 a 1739, terminando com a assinatura do Acordo de Belgrado em 1739. Na sequência deste acordo, os otomanos enviaram Mehmet Emni Beyefendi à Rússia como embaixador. Foram dois os factores importantes que conduziram à Guerra Otomano-Russa. O primeiro foi a disputa pela coroa no Lehistan (Polónia). A segunda razão foi o desejo do exército da Crimeia de atravessar o território de Kabartay antes de chegar ao Cáucaso. Kabartay esteve situada a oeste e a leste do norte do Cáucaso e foi governada pelos otomanos através do Khan da Crimeia até ao início do século XVIII, altura em que a Rússia a conquistou.[37]

Ivan III enviou uma carta ao sultão otomano Mahmud I em 1740. Ivan refere que:

"Com a permissão de Deus, sou o imperador da Rússia, czar de Moskoviay, Kiyoviya, Viladimirya, Novoagrodiya, Kazan, Ejderhan e Sibéria. Sou o governante e proprietário de Peskovya, Ismolenkya, Islandiya, Finlândia, Karliya, Pogarya, Parmiya, Viyanga, Polgorya. Sou rei das terras abaixo de Novograd, Cernekovya, Razanya, Rostovya, Kabardiya, Cerakise e líder da herança completa das montanhas. Ao muito respeitado Sultão Mahmud I, que é rei de Medina e Meca e protetor de Jerusalém (Kudus), Rumeli, Anatólia, Mediterrâneo e Mar Negro. Gostaria de vos informar que a imperatriz da Rússia, Anna Ivanovna, Czarina de Moskoviay, Kiyoviya, Viladimirya, Novoagrodiya, Kazan, Ejderhan e Sibéria. Governante e proprietária de Peskovya, Ismolenkya, Islandiya, Finlândia, Karliya, Pogarya, Parmiya, Viyanga, Polgorya. Rainha das terras abaixo de Novograd, Cernekovya, Razanya, Rostovya, Kabardiya, Cerakise e líderes das montanhas, faleceu".[38]

Com a sua carta, Ivan III pretendia informar o sultão otomano da morte de Anna Ivanovna e da mudança de administração na corte russa. Definiu-se como rei de Moskoviay, Kiyoviya, Viladimirya, Novoagrodiya, Kazan, Ejderhan, Sibéria,

---

[36] Ibid., 172

[37] Ferazizade Mehmet Said, Gulsen-I Ma'arif (Istambul: 1740) volume II, 1157-1166

[38] Esta carta com o nome de Ivan III foi enviada ao sultão otomano Mahmut I em 1740. Arquivo do Primeiro-Ministro (Basbakanlik Arsivi), Nome-I Humayun Defteri, número. 8, p. 35-37

Peskovya, Ismolenkya, Islandiya, Finlândia, Karliya, Pogarya, Parmiya, Viyanga, Polgorya e das terras abaixo de Novograd, Cernekovya, Razanya, Rostovya, Kabardiya e Cerakise. Esta declaração de poder excluiu o sultão otomano do poder sobre a Ásia Central e a região do Cáucaso. Ivan III restringiu o poder e a autoridade do sultão otomano às áreas de Medina, Meca, Jerusalém (Kudus), Rumeli, Anatólia e aos mares Mediterrâneo e Negro. Parece que estava a utilizar uma linguagem diplomática contra o Sultão Otomano para insinuar que este não deveria ousar envolver-se nas estruturas de poder da Ásia Central e do Cáucaso. Em contrapartida, de forma igualmente diplomática, o sultão otomano nunca utilizou termos geográficos ou nomes de lugares específicos quando escreveu a Ivan III, mas sim uma palavra geral e abstrata, dizendo: "Meu grande amigo Ivan III, que ainda é o imperador da Rússia".[39]

No entanto, a administração otomana não desistiu da sua luta contra a Rússia. A presença de Mehmet Emin Efendi na corte russa é prova disso, demonstrando que o Império Otomano tinha mudado a sua posição de uma política defensiva para uma política ativa, enviando um emissário para procurar os interesses otomanos e fornecer informações para a sua superioridade política, económica e militar.

Uma viagem à Ásia Central a partir de Istambul

Atualmente, não dispomos de informações suficientes sobre Mehmet Emin Efendi[40] . No seu livro, afirma que a sua família e tribo eram conhecidas no Turquistão. Concluiu o ensino secundário em Istambul. Queria ser soldado, mas devido a um problema de saúde e a uma desculpa física não era elegível para o exército. Em vez disso, decidiu trabalhar como escriturário. Dizia que: "Não consigo suportar as dificuldades. Não tenho paciência e não consigo lidar com o stress. Por isso, não quero trabalhar para o resto da minha vida como caneta." Assim, decidiu viajar de montanha em montanha e de savana em savana, numa tentativa de ultrapassar a sua infelicidade. Dividiu a sua vida em três períodos, marcados por descartes simbólicos. O primeiro foi a remoção

---

[39] Basbakanlik Arsivi, Name-I Humayun Defteri, número. 8, p. 78-79

[40] Este livro foi publicado pela primeira vez em 1878. Foi novamente publicado em 1989. Mehmet Emin Efendi, Istanbul'dan Asya-yi vustaya seyahat (Istambul: Kirkanbar Matbaasi, 1295 [1878]); Mehmet Emin Efendi, Istanbul'dan Orta Asya'ya Seyahat (Ankara: Kultur ve Turizm Bakanligi, 1986)

do seu turbante,[41] indicando que já não pertencia ao clero religioso ou que tinha deixado de rezar. Em seguida, deita fora a sua espada, representando a sua incapacidade de militar devido à sua condição física. Em terceiro lugar, deitou fora a sua caneta de escrivão, depois de ter deixado esse emprego. No final, "agarrou na varinha", considerando a oportunidade de viajar por todo o mundo.[42]

Viajou pela maioria dos países europeus, como a França, a Alemanha, a Rússia[43] e a Itália. Tentou compreender a essência e o funcionamento mais profundo da civilização europeia para evitar o atraso do mundo islâmico. Queria compreender o que tornava a civilização ocidental superior, de modo a poder utilizar os mesmos métodos para liderar o renascimento do mundo islâmico.

O livro de Mehmet Emin Efendi, intitulado "Uma viagem à Ásia Central a partir de Istambul", foi publicado em Istambul em 1878. Há muitas razões para o facto de este livro ser muito importante. Ahmet Mithat Efendi (1844-1912), um conhecido intelectual e jornalista turco, escreveu um prólogo que sublinhava a importância de livros de viagens como o de Efendi para os otomanos. Diz ele:

"Os otomanos não davam importância às viagens. Por outro lado, os viajantes europeus viajaram por todo o mundo e escreveram livros que reflectiam as suas impressões e memórias. O desenvolvimento do mundo islâmico depende da orientação dos otomanos, que, geograficamente, permaneceram no centro do mundo islâmico. Por conseguinte, os otomanos deviam fazer circular a informação sobre as inovações e as leis da civilização europeia por todo o mundo islâmico. Além disso, os otomanos consideram uma missão sagrada acompanhar o desenvolvimento da Europa"[44]

Ahmet Mithat Efendi argumenta que as pessoas do Império Otomano que visitavam os países europeus apenas viam entretenimento nos sítios, como se viajassem de Istambul para Beyoglu[45] . Nas suas palavras, "se vissem uma coisa interessante, escreviam as

---

[41] Sarik: (enrolado à volta de um toucado para formar um turbante)

[42] Mehmet Emin Efendi, Istanbul'dan Asya-yi vustaya seyahat (Istambul: Kirkanbar Matbaasi, 1295[1878]), 5

[43] A Rússia era vista por ele como um país europeu que não considerava geográfico, mas que considerava culturalmente próximo.

[44] Ibid., 6

[45] Beyoglu é um bairro que ficava fora do castelo otomano não muçulmano e onde se situava a sua embaixada e local de entretenimento durante o século XIX.

suas memórias e impressões sobre ela".[46] Salientou que foram escritos alguns livros de viagens que provam que os viajantes otomanos são raros. Descreveu a sociedade e o povo otomanos como muito estáticos, imóveis e com uma relação estreita com o seu ambiente. Criticou a falta de interesse dos otomanos em viajar por razões económicas e políticas.

"Até agora, não demos prioridade ao nosso interesse político, mas 100 navios e 1000 exploradores viajaram por todo o mundo para alargar o seu território a partir de Inglaterra, Holanda, Portugal, Espanha, França, Suécia e Noruega. Por exemplo, a Grã-Bretanha está a governar um território que é 7-8 vezes maior do que a sua população. Por outro lado, os otomanos estão a dormir na cama da inconsciência".[47]

Os otomanos não procuraram apenas os seus interesses em países longínquos, mas também em países islâmicos como a Argélia, Marrocos, Cáucaso, Irão e Arábia. Infelizmente, não prestaram atenção aos seus interesses através de viagens, em vez disso, investiram muito dinheiro na construção de palácios que podem ser facilmente destruídos pelo fogo em duas horas. Os otomanos deveriam concentrar-se no investimento económico a longo prazo. Por isso, deviam deixar de encarar as viagens como um fardo! Viajar é um grande prazer que ninguém compara com qualquer outra coisa neste mundo. Ahmet Mithat Efendi foi o mais conhecido intelectual turco que dedicou a sua vida a tornar a sociedade turca progressiva e sublinhou a importância da dimensão política e económica da viagem para os otomanos.[48] Com a palavra Ahmet Mithat Efendi[49] ,

"Todo o mundo sabe que as origens dos otomanos provêm da Ásia Central. Mas os otomanos ainda não têm conhecimentos suficientes sobre a Ásia Central. Os franceses chamam à sua pátria "mon patrie", que para os otomanos é a Ásia Central. As terras conhecidas dos otomanos são extensões espirituais da Ásia Central"

Em 1877, Mehmet Emin Efendi iniciou a sua viagem a partir de Istambul[50] quando os

---

[46] Ibid.

[47] Ibid.

[48] Ibid. , 7

[49] Ibid.

[50] No seu livro, Dersaadet refere-se a Istambul, que significa porta da felicidade.

otomanos e os russos se preparavam para declarar guerra entre si. Há muitas razões para a importância desta viagem. Mehmet Efendi recolheu informações sobre as tribos turcomanas, procurando uma aliança e um baluarte contra o Império Russo no conflito que se aproximava. Utilizava o Islão para mobilizar as pessoas contra a Rússia. Apresentou uma série de exemplos da crueldade dos soldados russos contra as mulheres muçulmanas e os povos da Ásia Central. Além disso, sublinhou a atividade económica e as receitas do petróleo, bem como as terras férteis da Ásia Central, a fim de legitimar a guerra contra a Rússia. O Irão, a Rússia e a dinastia de Bukhara são caracterizados como ameaças potenciais no livro de viagens de Mehmet Efendi. Definiu como heróis as tribos turcomanas que lutaram contra os russos e como traidores os turcomanos que colaboraram com os russos.

Depois de a Rússia ter começado a governar Baku, esta tornou-se uma base muito importante. Embora Vakia Astraha fosse o porto mais conhecido do Mar Cáspio, Baku ficava entre o Irão e o Daguestão. Além disso, constituía uma base no meio do sul do Cáucaso para os mercadores russos transportarem produtos para o Irão. Por conseguinte, Baku será uma base muito importante no futuro devido à sua posição geográfica. Além disso, se a linha de caminho de ferro de Tiflis (Tbilisi) se ligar a Baku, a sua localização será reforçada. Mehmet Emin Efendi referiu que em Baku vivem sobretudo muçulmanos xiitas, arménios e russos. O clima é muito ventoso. A maior parte das pessoas sofre de doenças oculares, como no Egipto.[51] Mehmet Emin Efendi parece ter demonstrado a importância económica de Baku para o mercado russo e iraniano.

Cidade de Krasnovadsk

Esta região recebeu o seu nome do rio Kizil (vermelho) Su (água) que foi batizado pelos turcomanos. Depois de os russos terem chegado à região, traduziram o nome da cidade para Krasnovadsk, que significa água vermelha em russo. Além disso, antes da chegada dos russos à região, o nome original da cidade era "Sah-Kadem". Existiam 40-50 lojas e algumas casas na zona. Os russos esforçaram-se por aumentar a prosperidade

[51] Ibid. , 16-17

da cidade.[52] Em particular, Krasnovadsk era um local muito importante para os russos, que pretendiam utilizá-la como base militar para dominar as tribos turcomanas. A cidade era rodeada por um penhasco alto e agudo. A água era obtida de poços que eram muito salgados para os russos. Por isso, tentaram refinar a água do mar. Mehmet Emin Efendi salientou que encontrou informações muito importantes sobre a forma como os russos conquistaram a região. Em 1717-1737, Devlet Girey, que era muçulmano no início, converteu-se ao cristianismo ortodoxo e começou a trabalhar como agente do Império Russo nesta região. Chegou a Sah-Kademor ou Krasnovadsk e fez uma aliança com os turcomanos a favor da Rússia. No início, conseguiu persuadir algumas das tribos turcomanas que controlava a segui-lo na estrada entre Krasnovadsk e Hiyve. Quando entrou em Hiyve, estes turcomanos resistiram-lhe. A longo prazo, não conseguiu ter êxito contra os turcomanos. No final, perdeu todos os seus exércitos no conflito.[53] Passado algum tempo, a Rússia compreendeu que era impossível vencer uma guerra contra os turcomanos no deserto. Por conseguinte, os russos decidiram procurar alianças para si próprios. Começaram a levar presentes aos líderes turcomanos quando os visitavam. No final, conseguiram conquistar ao Irão a ilha de Asur, no mar Cáspio, que utilizaram como base militar para a sua marinha. Consequentemente, a Rússia controlava facilmente as costas iranianas e turcas através da ilha de Asur. A Rússia não estabeleceu alianças com os turcomanos diretamente. Nomeou o oficial do exército Derya Begi para criar alianças por eles. A sua função reforçou os laços da Rússia com as tribos turcomanas que viviam em Hasan Kuli e Gumustepe.[54] Mehmet Emin Efendi narra a colonização russa na Ásia Central e no Cáucaso. A forma como representou os processos de colonização russa mostrou que os otomanos partilhavam a mesma religião com os turcomanos e que estes podiam criar alianças muito mais facilmente do que os russos.

Descreveu o oficial militar russo Siviston, que tinha uma personalidade ignorante, corrupta, egoísta, arrogante e agressiva, que recorria à violência contra o povo de

[52] Ibid. , 17.

[53] Ibid. , 18

[54] Ibid. , 19

Krosnovods. Os turcomanos queixavam-se não só de Siviston, mas também dos oficiais iranianos e arménios. Estavam fartos do seu comportamento e das suas decisões. Mehmet Efendi acusou-o de ser um violador. Tentava ter relações com mulheres turcomanas contra a sua vontade. Além disso, começou a levar os filhos dos chefes das tribos turcomanas para Moscovo para serem educados.[55] A maioria dos turcomanos mudou-se de Krasnovadsk para salvar a sua honra.[56]

O viajante otomano Mehmet Emin Efendi argumenta que os turcomanos viam os iranianos como inimigos. Numa das suas canções, repetem o nome de Koroglu, contando como ele foi muito bem sucedido contra os iranianos. Comparam um cobarde iraniano a uma mulher, cantando a forma como Koroglu dispersou o exército iraniano e abalou o trono do Xá iraniano.[57] Mehmet Emin Efendi mencionou o comportamento positivo e positivo dos turcomanos. No entanto, também os criticou duramente em certas ocasiões, como quando um dos seus guias, Rahmanverdi, roubou comida durante a viagem no deserto. Deste modo, Efendi mostra que é um cronista rigoroso e imparcial sobre este povo. [58]

Efendi sonhava com a unidade entre os 200 milhões de muçulmanos da Ásia quando viajou para esta região. A sua esperança cresceu enquanto esteve na Ásia.[59] Quando Nurverdi Khan, o líder da tribo turcomana Teke, soube que Mehmet Emin Efendi era um cidadão do Império Otomano, passou a respeitá-lo mais. Nurverdi Khan era uma pessoa muito corajosa que ganhou uma guerra contra o Irão, Buhara e Rússia. Em particular, destruiu o exército iraniano e guardou a sua pólvora no castelo de Merv.[60] Apesar de ter ganho muitas guerras contra a Rússia. Disse a Mehmet Efendi que quem vivesse em Istambul deveria tentar unificar os turcomanos. Foi difícil para ele unificar os turcomanos contra a Rússia. Havia muitas disputas entre os turcomanos.[61] Este facto fez com que Efendi gostasse mais de Nurverdi Khan, ao ponto de lhe oferecer uma

[55] Ibid. , 43.
[56] Ibid. , 40-41
[57] Ibid. , 72
[58] Ibid. ,91
[59] Ibid. , 90
[60] Ibid. , 94
[61] Ibid. , 103

pistola fabricada na Grã-Bretanha. Nurverdi Khan respondeu com um cavalo árabe, e Efendi ficou claramente sensibilizado com o gesto, explicando como se tornaram irmãos do mundo através desta troca.[62]

Irão- Representantes britânicos e otomanos encontram-se com turcomanos no Irão

O pai do guia de Mehmet Emin Efendi deslocou-se a Teerão com Mehmet Emin Khan e o seu embaixador Ates Muharem. Reuniram-se com o Xá iraniano e com representantes britânicos e otomanos. Segundo a tradição iraniana, quando se vê o Xá, é preciso prostrar-se e glorificar o Xá. No entanto, ele não o faz porque lhes diz que só se prostra perante Deus. O viajante otomano apreciou o seu comportamento contra o Xá. Ates Muharrem e o representante otomano conversaram sobre a possibilidade de tornar Hiyve parte do território otomano. Mas isso não era realista, porque Hiyve não tem qualquer ligação com o território otomano. [63] Por conseguinte, o representante otomano sugeriu que toda a dinastia Maveraunnehir unificasse o seu poder. Ates Muharrem respondeu: "Não há qualquer possibilidade de Hiyve e Kokland se unirem, porque o egoísmo e a arrogância do Khan de Bucara tornam a união impossível".[64] e o representante otomano afirmou que Hiyve e Hokand deviam forçar Bucara a unir-se.[65]

A impressão de Mehmet Emin Efendi sobre Hiyve

Mehmet Emin Efendi ficou em Hiyve dois dias e depois decidiu ir para a Tarefa. Informou o "Divan Beyi" da sua decisão, mas foi-lhe dito que o Khan de Hiyve queria que ele ficasse para o casamento de circuncisão dos filhos do Khan de Hiyve ou de Shahzade. Decidiu ficar em Hiyve. 500 centenas de comerciantes importantes e pessoas de Hiyve reuniram-se num dos jardins do Hiyve Khan. Mehmet Emin Efendi estava muito calmo e respeitoso, pelo que se sentiu muito bem. No entanto, 30 minutos depois, um homem jovem e bem vestido apareceu no jardim com dois homens. De

[62] Isso significa que se encontrarão no outro mundo.
[63] Ibid. , 117
[64] Ibid. , 118
[65] Ibid.

repente, todas as pessoas se levantaram e mostraram-lhe respeito.[66] Cruzam os braços sobre o peito. Indicam-lhe o melhor lugar do jardim para se sentar. Virou-se para Efendi e perguntou: "Como estás?" e Mehmet Efendi levantou-se respeitosamente e respondeu-lhe: "Kulluk", que significa "sou teu escravo". Então, as pessoas que estavam à sua volta sorriram para Mehmet Efendi, dizendo-lhe que ele tinha cometido um erro. Era costume levar comida aos convidados. Por isso, trouxeram-lhe comida tal como a tinham trazido a Efendi anteriormente. Ele comeu e depois serviram-lhe chá. Ele encheu a chávena de chá. "Achei que era uma vergonha e um comportamento desrespeitoso aquele homem jovem e bem vestido encher a sua própria chávena de chá.[67] Mehmet Efendi achava que era uma pessoa muito importante. Ele tinha a certeza de que o jovem era filho de Hiyve Khan. Outra pessoa devia encher-lhe a chávena de chá. Depois de ter bebido o chá, ofereceu a Efendi um gole de chá da sua chávena. Efendi bebeu-o para mostrar ao jovem o seu respeito. Mais uma vez as pessoas sorriram para Efendi, e ele sentiu-se muito tímido. Não lhe devolveu a chávena. Mais tarde, o jovem apontou para o homem a quem foi oferecido o chá. Este levantou-se e cruzou os braços sobre o peito para mostrar o seu respeito e disse-lhe: "Quero ser teu escravo". Depois de ter bebido, devolveu a chávena de chá. Mais tarde, dois homens apareceram, pegaram nele e obrigaram-no a vestir roupas de mulher, ao mesmo tempo que tocavam Saz (um alaúde turco de pescoço comprido da família Baglama) e Tambour. Salientou que os homossexuais tinham um prestígio muito importante na cultura turcomena.[68] A maioria dos turcomanos trazia o Kocek (antigo jovem que executava danças eróticas em trajes femininos) para dançar no seu casamento. Todas as ruas, casas de chá e bazares tinham um Kocek para entreter e servir as pessoas (Erbabi Keyf). As pessoas faziam-lhes muitos elogios. Por exemplo, diziam: "Escarafunchei-me por ti, gostaria de te fazer girar como uma hélice". Mehmet Emin Efendi defende que a homossexualidade teve origem na cultura iraniana e não na turcomena. Ele disse que: "Tenho a certeza de que este costume de cama foi transmitido do Irão para o

---

[66] Ibid. , 135
[67] Ibid. , 136
[68] Ibid. , 136

Turquemenistão"[69] O dançarino tocava muito bem e as pessoas derramavam dinheiro sobre ele. O dançarino deitou-se de costas para recolher o dinheiro do chão com os dentes. Ficaram a vê-lo dançar até o sol se pôr. Distribuíram doces e Corek (um biscoito ou pão redondo e entrançado), que significa o fim de um casamento por circuncisão, com a leitura de Fatiha (um versículo do Alcorão).[70]

As pessoas colocam as prendas na cintura porque não têm bolsos nas calças (Don). As mulheres vestiam calças de tecido fino e muito bonito (atraente), em que a parte da frente é muito forte e a parte de trás é feita de tecido muito fraco. Usavam coisas afiadas e compridas na cabeça a que chamavam Tepelik. Quando pretendiam ir ao mercado, usavam Tepelik para parecerem mais altos. Para além do Tepelik, usavam lenços de cabeça no mercado. As mulheres de Hiyve furavam o nariz e usavam argolas. A arquitetura das casas de Hiyve foi construída ao estilo Baghdadi, pelo que não tinham janelas do lado da rua. Tinham janelas a meio das casas que davam para um pátio. Tinham Haremlik e Selamlik, que são partes de uma casa reservadas a homens e mulheres. Cobriam o telhado com um terreno que mostrava que não conheciam a telha. As suas casas eram feitas de tijolos secos ao sol (Kerpic). Desenhavam figuras muito bonitas e gravadas nas suas portas e paredes.[71]

A estrutura administrativa de Hiyve

No início, não existia uma autoridade central em Hiyve. Os senhores feudais eram dominantes. No entanto, Seyid Mehmet Khan uniu todos os senhores feudais e todas as tribos, recorrendo à violência contra algumas tribos e à persuasão contra as restantes. Como resultado, tornou-se o dominador e o decisor de Hiyve. Khan pertencia à tribo "Kongirat", uma das quatro tribos importantes do Uzbequistão. "Nakip" e "Hoca Kelan" participavam no divã de Khan em dias oficiais, cujas reuniões começavam a meio da tarde. Por vezes, Khan e os seus oficiais ouviam as queixas das pessoas e tentavam resolver os seus problemas. Quando Khan não estava presente nas reuniões,

---

[69] Ibid. , 137.
[70] Ibid.
[71] Ibid. , 138

"Reis-ul Umera" representava-o e tomava decisões em seu nome. Os chefes das tribos usbeques tinham superioridade e privilégio sobre as outras tribos. Além disso, a tribo de Khan, a tribo Kangirat, tinha mais privilégios do que as outras três tribos usbeques. A estrutura administrativa do Khan era composta pelos três principais cargos administrativos acima referidos. Para além disso, cada tribo tinha 8 títulos administrativos que representavam a sua tribo perante o Khan.

- Inak tem quatro membros. 2 dos membros tinham de ser parentes muito próximos de Khan.

Outros 2 membros seleccionados na tribo do Khan.

- Atalik: Paternidade
- Seyhulislam: é uma cerimónia religiosa que tem laços estreitos com o profeta.
- Fermanecisi: pessoa que trata das questões protocolares, responsável pelo protocolo
- Pedir: nobre da tribo
- Mirab: pessoa responsável pela água e pelas condutas.
- Darugasi: brincalhão de Khan.
- Agasi: criados de porta.

O grão-vizir foi escolhido da tribo Sart. O Kusbegi (segundo vizir) era escolhido entre os uzbeques. Cobravam impostos. O Divan Begi (chefe do conselho) era o adjunto do Khan como secretário-chefe e ministro da alfândega. O Divan Begi tinha dois "Yasavul Basi", cuja função era semelhante à da Zaptiah ou polícia. Para além disso, tinha mais 8 "Esik Agasi" que eram criados.[72] A administração militar era composta por dois comandantes principais, quatro brigadas e pólvora e dois ou três capitães. Além disso, Khan tinha oficiais chamados Mirseb, Mabeyinci, Esvabci Basi, Hazinei Hassa Naziri. Estes oficiais não eram pagos pelo Khan. O Khan dava-lhes as receitas da cidade, da aldeia e da cidade. Mehmet Emin Efendi afirma que todos eles eram corruptos. Para além destas receitas, Khan distribuía cavalos e dinheiro aos oficiais. A lei islâmica era praticada em Hiyve. No entanto, os criminosos eram atirados ao chão dos minaretes

[72] Ibid. , 156

das mesquitas. Além disso, amarravam os criminosos a fogos de artifício, dispersando o seu corpo com pólvora. O deputado argumenta que agiram de forma muito selvagem. [73]

Conclusão

Mehmet Emin Efendi tentou salvar os otomanos da derrota militar contra a Rússia. Por isso, viajou de Istambul para a Ásia Central com o objetivo de encontrar alianças para os otomanos e assegurar a unidade islâmica. Há uma semelhança entre os viajantes europeus e a sua escrita, na medida em que utiliza registos de viagem pormenorizados que servem para expandir o pensamento político e económico dos líderes da sua nação natal. Os seus escritos e esforços para descrever o povo islâmico da Ásia Central e do Cáucaso revelaram um grupo de pessoas cuja semelhança com o povo do Império Otomano era motivo suficiente para estender uma mão diplomática num esforço para travar a maré de expansão cirílica na região. Apesar do seu fracasso final, foi um esforço que abriu portas e tentou trazer o Império Otomano para a modernidade, um esforço digno de facto.

*Facih Seyhanoglu tem um mestrado (M.A.) em História pelo CUNY Graduate Center.

[73] Ibid. , 157

MIX
Papier aus verantwortungsvollen Quellen
Paper from responsible sources
FSC® C105338

Printed by Books on Demand GmbH, Norderstedt / Germany